VENTE

D'UNE COLLECTION

DE TABLEAUX

ET ÉTUDES

De Chasses, de Chevaux et de Bestiaux

RUE DES JEUNEURS, 42

Hôtel des Ventes mobilières.

—o———o—

EXPOSITION PUBLIQUE

Le dimanche 15 Avril 1849, de midi à cinq heures.

—o———o—

MM. RIDEL, COMMISSAIRE - PRISEUR,

Et GÉRARD, expert.

PARIS

IMPRIMERIE ET LITHOGRAPHIE DE MAULDE ET RENOU,
Rue Bailleul, 9 et 11, près du Louvre.

—

1849   7078

CATALOGUE

D'UNE

TRÈS INTÉRESSANTE COLLECTION

DE

TABLEAUX

DE CHASSES, DE CHEVAUX ET BESTIAUX,

PEINTS D'APRÈS NATURE,

Par M. LEDIEU, élève de M. Horace Vernet,

QUI SERONT VENDUS

HOTEL DES VENTES MOBILIÈRES,

RUE DES JEUNEURS, N. 42,

LE LUNDI 16 AVRIL 1849, A UNE HEURE.

Par le ministère de Mᵉ RIDEL, Commissaire-Priseur,
335, rue Saint-Honoré,

Assisté de M. GÉRARD, Peintre-Expert, impasse Mazagran, 6.

Chez lesquels se distribue le présent Catalogue.

EXPOSITION PUBLIQUE

Le Dimanche 15 Avril 1849, de midi à cinq heures, et le Lundi de 9 heures à midi.

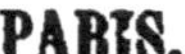

PARIS.

IMPRIMERIE ET LITHOGRAPHIE DE MAULDE ET RENOU,

Rue Bailleul, 9 et 11, près du Louvre.

1849

CONDITIONS DE LA VENTE.

Elle sera faite au comptant.

Les acquéreurs paieront, en sus des enchères, cinq centimes par franc.

AVERTISSEMENT.

M. Ledieu (Philippe), élève de M. H^cc Vernet, ayant le projet de se retirer quelque temps à la campagne, nous a chargé d'offrir au public une très grande partie de ses ouvrages.

L'auteur s'étant borné à de simples descriptions des sujets, nous croyons devoir indiquer ici quelques-uns des tableaux les plus capitaux, tels que :

Une Louve près de sa tannière, entourée de ses louveteaux ;

Une Chasse au Loup ; l'animal blessé fait tête aux chiens ;

Retour de la chasse à courre ;

Chasse au Sanglier ; halali sur pied ;

Chasse au Cerf; l'animal sur ses fins entre dans une écurie;

Chienne épagneule défendant ses petits à l'approche d'un loup;

Le Trophée du Louvetier.

MM. les amateurs de chasses et de chevaux verront avec plaisir, nous n'en doutons pas, cette réunion de sujets peints d'après nature et avec les connaissances spéciales; ils y rencontreront la plus exacte vérité se joignant à une belle couleur et à une savante et énergique exécution.

DÉSIGNATION

DES TABLEAUX

————o—◦❖◦—o————

1 — L'Impôt sur les chiens.
2 — Un Trotteur, cheval anglais.
3 — Sanglier blessé.
4 — Jument berrichonne et son poulain.
5 — Porteur de cerises.
6 — Un Loup blessé.
7 — Cheval de trait à la porte d'un bourrelier.
8 — Cheval de chasse, écurie de déplacement.
9 — Chasse au sanglier, sortie de l'eau.
10 — Chasse au chevreuil, halali sur pied,
11 — Chasse au daim, relancé à vue.
12 — Valet de chiens à cheval et son relais.
13 — Cheval de ferme.
14 — Tête de meute, chien griffon vendéen.
15 — Un Taureau dans son étable.
16 — Chasse au marais.
17 — Deux Bassets à la gueule d'un terrier.
18 — Tête d'étude de chien anglais.
19 — Chasseur à cheval, livrée rouge.
20 — Chasse au cerf, halali par terre.

21 — Chasse au lièvre, débuché.

22 — Lice épagneule et ses chiens.

23 — Chasse au lièvre, au lévrier.

24 — Chien mi-griffon en arrêt.

25 — Une Bécasse et un Vanneau, nature morte.

26 — Chien braque malade.

27 — Un Cochon.

28 — Chasse au chevreuil, halali par terre.

29 — Canard sauvage, nature morte.

30 — Lièvre chassé, l'animal est sur ses fins.

31 — Deux Faisans, mâle et femelle, nature morte.

32 — Intérieur d'écurie, chevaux de ferme.

33 — Deux Griffons couplés pour la chasse.

34 — Vieux cheval gris dans les champs.

35 — Chien griffon surpris par un canard.

36 — Chien courant, laissé pour mort, rentrant au chenil.

37 — Deux Chiens en arrêt.

38 — Sanglier faisant tête.

39 — Chienne d'attaque blessée.

40 — Jument anglaise et son poulain effrayés par l'orage.

41 — Tableau de gibier, nature morte.

42 — Étalon demi-sang attendant l'avoine.

43 — Cheval de course séché par son palfrenier.

44 — Troupeau de vaches entrant dans un gué.

45 — Deux Chiens d'arrêt sur des perdreaux rouges.

117 — Chevaux flamands dans une prairie.

118 — La Butte aux Moulins. Vue prise à Montmorency.

119 — Valet de limiers travaillant un cerf.

120 — Sanglier mourant.

121 — Le Charretier embourbé.

122 — Trophée du louvetier.

123 — Chienne courante.

124 — La Pie, cheval de laitière.

125 — Étude de chien courant.

126 — Chasse à l'ours ; l'animal sort de sa tanière.

127 — Lice courant et ses petits.

128 — L'Incendiaire poursuivi par des chiens.

129 — Un Basset à jambes torses.

130 — Lièvre et Perdreaux, nature morte.

131 — Tête de cheval arabe, étude de grandeur naturelle.

132 — Sous ce numéro seront vendus un certain nombre de petits tableaux et études de différents genres.

7293 Imp. Maulde et Renou, r. Bailleul, 9 (1).